Camilo Andres Cardozo León

# A gestão pública com a aplicação da inteligência artificial

Camilo Andres Cardozo León

# A gestão pública com a aplicação da inteligência artificial

## Uma perspetiva de melhoria da atenção ao cidadão na secretaria distrital de mobilidade.

ScienciaScripts

**Imprint**



Cover image: www.ingimage.com

This book is a translation from the original published under ISBN 978-613-9-46840-9.

Publisher:
Sciencia Scripts
is a trademark of
Dodo Books Indian Ocean Ltd. and OmniScriptum S.R.L publishing group

120 High Road, East Finchley, London, N2 9ED, United Kingdom
Str. Armeneasca 28/1, office 1, Chisinau MD-2012, Republic of Moldova, Europe
Managing Directors: Ieva Konstantinova, Victoria Ursu
info@omniscriptum.com

Printed at: see last page
**ISBN: 978-620-8-50879-1**

# *REFORMAR A GESTÃO PÚBLICA COM A APLICAÇÃO DA INTELIGÊNCIA ARTIFICIAL: UMA PERSPECTIVA DE MELHORIA DOS SERVIÇOS AO CIDADÃO NO SECRETARIADO DISTRITAL DA MOBILIDADE*

# RESUMO

*O objeto de estudo, neste caso, será focado na compreensão da tecnologia e a relação com a sociedade, que foi projetada pelo documento da CONPES em 2019 que abre caminho para encarar a realidade de um país onde a tecnologia não chega a todos os cantos e o tempo de espera para adiantar um procedimento é muito alto em relação aos nossos vizinhos, e para o qual é válido perguntar Como pode a IA ser utilizada como ferramenta de auxílio para reduzir o tempo de espera nos procedimentos quotidianos dos cidadãos, nomeadamente no Secretariado Distrital de Mobilidade? Como tese delineia-se que existe uma leitura anti-formalista, que torna visível um conflito de interesses entre a administração e os administrados. Do exposto conclui-se que com a ajuda da inteligência artificial e dos algoritmos podemos agilizar os procedimentos das pessoas que estão desgastadas em termos de tempo com ferramentas automatizadas.*

***Palavras-chave: Inteligência artificial, administração pública, gestão, tecnologia, atendimento ao cidadão.***

# ÍNDICE DE CONTEÚDOS

## INTRODUÇÃO

*A inteligência artificial (IA) está a tornar-se uma ferramenta fundamental para as administrações públicas apoiarem a dinâmica de mudança da sociedade. A aplicação da IA na administração pública pode melhorar a eficiência, reduzindo procedimentos, custos e tempo, optimizando a qualidade dos serviços públicos e prestando um melhor serviço aos cidadãos.*

*A IA pode ser utilizada no secretariado da Mobilidade, como a gestão de talentos humanos, a segurança pública, a educação, o serviço ao cliente e a tomada de decisões.*

*As técnicas de IA a utilizar na administração pública incluem a automatização de padrões ou de perguntas frequentes, a aprendizagem constante, o armazenamento de dados, a perceção dos sistemas operativos e a cibernética.*

*No entanto, existem também dúvidas relacionadas com a aplicação da IA na administração pública, tais como o tratamento de informações, que em alguns casos são confidenciais, bem como a correção das informações fornecidas ao utilizador.*

*Em suma, é necessário associar a reforma da inteligência artificial na administração pública como um instrumento valioso para melhorar a eficiência e a qualidade dos cuidados prestados aos utilizadores, mas é importante abordar os desafios e as preocupações associados à sua aplicação de forma empenhada.*

# 1. JUSTIFICAÇÃO DO TEMA ESCOLHIDO

A inteligência artificial (IA) mostra-nos uma evolução imutável que tem experimentado um crescimento ao longo dos dias, e está a tornar-se um elo importante no nosso quotidiano. respostas automáticas com o apoio de bots, à tomada de decisões e classificação de processos, a IA é o presente e o futuro, mostrando-nos como facilitar a dinâmica social com a tecnologia. A principal justificação para escolher a IA como tema de investigação é o facto de ter um enorme impacto na humanidade, no tempo e na cultura e de estar a crescer de forma ágil. Ao mesmo tempo, a IA apresenta muitos desafios éticos e de confiança que têm de ser abordados à medida que a tecnologia avança. Por exemplo, existem preocupações sobre os dados pessoais ou informações públicas exclusivas, a desconfiança em relação aos algoritmos, o impacto que a automatização tem no mercado de trabalho, a responsabilidade de tomar sistemas autónomos e os ciberataques que podem sofrer. Por conseguinte, é crucial investigar e compreender a IA em profundidade, a fim de estar mais bem equipado para enfrentar estes desafios e tirar o máximo partido das oportunidades oferecidas pela tecnologia. Além disso, a IA é um domínio multidisciplinar que engloba diferentes áreas, como os sistemas, a matemática, a robótica, a economia e outras, o que faz com que seja um tema fascinante e enriquecedor para explorar a partir de uma variedade de perspectivas.

## 1.1. Problema e objetivo do trabalho

O problema reside no facto de estes mecanismos (suporte tecnológico), na América Latina, especificamente na Colômbia, estarem obsoletos no seu funcionamento para otimizar, armazenar e reduzir o tempo necessário para os procedimentos pessoais nas administrações públicas, devido ao facto de termos um atraso tecnológico em relação aos primeiros países, para além de possíveis falhas nos algoritmos que possam surgir na implementação.

### 1.2. Objectivos gerais e específicos

- Objetivo geral

O objetivo geral é implementar a inteligência artificial (IA) no setor público, com foco na melhoria da atenção ao cidadão, criando uma ferramenta que permite classificar por assunto os diferentes problemas que afligem os cidadãos, facilitando o tempo que uma pessoa gasta em um procedimento antes de um notário ou uma reivindicação em qualquer entidade estatal, principalmente no Ministério da Mobilidade, onde trabalhei por aproximadamente dois anos, observei como as pessoas chegavam antes das 7:00 da manhã, para fazer uma fila de um quarteirão e meio, ao entrar, eles receberam um turno que não estava vinculado a nenhum programa era voz manual para voz, dependendo da velocidade dos funcionários dentro dos módulos, para poder atendê-los, eles terminaram sua diligência à tarde, O processo consiste basicamente em obter um ato administrativo que garanta a remoção do veículo ou motocicleta dos pátios (o local onde o meio de transporte é mantido por não cumprir determinadas regras de trânsito). Por isso, é viável a implementação de uma ferramenta que coordena por infracções de trânsito e complexidade do assunto via web com perguntas de segurança do tipo bancário que só o proprietário conhece para evitar fraudes no preenchimento, e permite conceder autorização para retirar o veículo do local onde está guardado.

Na Colômbia, este tipo de complexidades não acontece apenas na Secretaria de Mobilidade, mas também na grande maioria das entidades onde se realiza um procedimento, por outro lado, a regra dita que devem responder aos direitos de petição de interesse geral devem ser respondidos nos primeiros 15 dias úteis, de acordo com a Lei 1755 de 2015, de acordo com o artigo 23 da Constituição que diz "tem o direito de apresentar pedidos respeitosos às autoridades por motivos de interesse geral ou privado e de obter uma resolução rápida". Assim, é evidente que na prática tal não acontece, sendo necessário recorrer a outros mecanismos como a tutela para garantir o direito constitucional em , aumentando a carga de trabalho dos tribunais, Por exemplo, autorizar uma cirurgia a um doente que sofre de obesidade mórbida e precisa de ser operado, mas como tal não está autorizado no seu plano médico, tem de ser um juiz a autorizá-la em conexão com o direito à vida. Tudo isso significa que, ao não resolvermos procedimentos simples com inteligência artificial, desgastamos o sistema ao entrar com o mesmo pedido em várias entidades, ficar na fila, pedir autorização no trabalho para poder fazer o procedimento, gastar dinheiro com transporte, expor-se ao crime, a um acidente, entre outras coisas. Não medimos a grande importância de criar uma ferramenta que funcione em todo o território nacional, com isso podemos evitar e agilizar o sistema que atualmente está estagnado, cerca de 7.4 horas [1] que um cidadão leva para cumprir a sua gestão, também no final dessas horas a pessoa pode comparecer ao local que não corresponde, por essa razão deve ir ao local certo para gastar mais tempo, portanto uma ferramenta com a ajuda da inteligência artificial, é um facto notório que quanto mais tempo, mais população, e essa é uma das desvantagens que não há tanta capacidade humana nas entidades para fornecer informações ou apoio aos cidadãos, por isso é necessário buscar apoio tecnológico para setorizar problemas, resolvendo em tempo hábil a atenção ao cidadão, da mesma forma que a ideia é multiplicar o número de cidadãos da mesma forma. imitar a capacidade de resposta humana na administração pública com o objetivo de tornar a IA superior em termos de rapidez, precisão e eficiência, o que permitirá obter estatísticas que mostrem quantos procedimentos podem ser concluídos com êxito por dia, mês e ano.

- Objetivo específico

Desenvolver ferramentas tecnológicas com ênfase na IA que apoiem a qualidade do serviço aos cidadãos na área do Secretariado da Mobilidade para melhorar significativamente o serviço ao cidadão, para esta situação é necessário desenvolver ferramentas tecnológicas específicas. De seguida, apresentam-se possíveis ferramentas tecnológicas que podem melhorar a prestação de serviços administrativos aos habitantes do território colombiano:-Bot de conversação: Trata-se de um software que utiliza inteligência artificial para interagir com as partes interessadas. Ao mesmo tempo, esta ferramenta pode fornecer réplicas de respostas que têm a mesma relação factual, sendo esta rápida e precisa para as perguntas habituais das pessoas, com a vantagem de resolver o seu inconveniente, não só que é uma conversa superficial, onde o cidadão é antes com mais dúvidas, a questão deve estar relacionada com o assunto que lida com a entidade e ao longo do tempo estar polindo a qualidade das respostas, A (IA) armazena dados, classifica-os e, por sua vez, pode gerar estatísticas para medir a aceitação da solução para os problemas que afligiam as partes interessadas, sem a necessidade de ir a uma entidade do sector público, permitindo encurtar os tempos de espera, com isso podemos adaptar uma mensagem de acordo com suas necessidades. Da mesma forma, os bots podem ser organizados para realizar tarefas, como processar um pedido e processá-lo.

-Reconhecimento de dados: A inteligência artificial tem a capacidade de gerir grandes quantidades de dados e, assim, localizar a melhor resposta do cidadão para apoiar o procedimento a tratar e identificar esquemas e orientações em todos os domínios da administração pública.

-Conexão da inteligência artificial (metaverso) de cada entidade numa nuvem que faz parte da administração pública para ter um compêndio de respostas frequentes e maior facilidade de encontrar informações específicas para cada caso, é necessário estar de acordo com a Lei 1581 de 2012 sobre proteção de dados, uma vez que em alguns casos precisará de informações que só a parte interessada conhece, gerir procedimentos como uma autorização para uma cirurgia a um paciente, para efetuar um empréstimo sem necessidade de se deslocar pessoalmente a um banco, um procedimento perante a Dian (Direção de Impostos e Alfândegas Nacionais ), para expressar uma queixa a um prestador de serviços públicos, respostas em termos de direitos de petição para evitar saturar a jurisdição judicial com tutelas, entre milhares de questões que podem surgir na administração, uma vez que cada área tem questões especiais, o acima exposto para conseguir uma atenção rápida e não mediada ao cidadão.Por outro lado, a implementação de IA para analisar grandes quantidades de informação que se adapte a uma necessidade específica, melhorando a experiência do cidadão, começa por parametrizar a necessidade do cidadão e disponibilizar uma solução que lhe permita ficar satisfeito com o procedimento, que pode ser desde encontrar o melhor transporte para chegar a um local, até à disponibilização de actos administrativos, produtos ou serviços.Esta técnica engloba a utilização de parâmetros, fórmulas, padrões e conceitos de machine learning que conduzem à tomada de decisões com base na informação recolhida, sem a necessidade de o ser humano ter conhecimento das tarefas resolvidas, gerando uma base de dados mensurável, onde é possível acompanhar quantos procedimentos foram respondidos num determinado tempo, e ajustar parâmetros de forma a alterar gradualmente o panorama dos cidadãos em termos de prestação de serviços públicos.

## 2. ENQUADRAMENTO TEÓRICO E DESENVOLVIMENTO

Em primeiro lugar, esta secção será estudada com o apoio de Juan Ignacio Criado que, tendo em conta o seu percurso, é um exemplo de autoridade a seguir e por isso vale a pena mencioná-lo neste trabalho de fim de curso. Os temas de domínio do autor são especialmente os relacionados com o impacto das tecnologias da informação e da comunicação e das redes sociais digitais no sector público, ganhou um prémio Julian Marias em 2106 pela comunidade de Madrid para o melhor investigador com menos de 40 anos, por sua vez foi o primeiro espanhol a ser investigador no Oxford internet institute em 2007, um dos trabalhos que se destacam é o seguinte "Las Administraciones Públicas En La Era Del Gobierno Abierto. Gobernanza Inteligente Para Un Cambio De Paradigma En La Gestión Pública", que será estudado, dado o âmbito que representa as oportunidades derivadas da nova onda de inovação tecnológica no sector público.Neste sentido, Criado considera que a gestão pública está a sofrer mudanças recentes com o apoio das novas tecnologias sociais, que permeiam as organizações públicas, conhecidas como governação inteligente, que procura situar o administrado perante as variáveis que podem surgir e as colaborações entre funcionários e organizações públicas, e tem como objetivo proporcionar uma abordagem à realidade da gestão das tecnologias nas administrações públicas contemporâneas. Num contexto em que as tecnologias sociais se instalaram nas nossas sociedades, como em todos os contextos económicos, culturais ou políticos, a Inteligência Artificial está a desempenhar um papel importante como ferramenta que podemos implementar no nosso quotidiano, onde especifica as tarefas diárias da administração pública, resolvendo os procedimentos dos cidadãos. Estas mudanças exigem que o diálogo entre a administração pública e os administrados seja uma transição; o Estado deve proporcionar os meios para que a tecnologia esteja em todos os cantos do país para que não se caia em um fosso social onde poucos podem usufruir do acesso tecnológico e ainda ficam presos a perder tempo realizando procedimentos que deveriam ser de resposta imediata.

Este facto tem levado a uma falta de gosto entre o Estado e o público, uma vez que, por um lado, os cidadãos não dispõem da tecnologia adequada e o governo não tem como prioridade abordar questões de vital importância como a simplificação de procedimentos com o apoio de ferramentas de inteligência artificial. É neste momento que o autor tenta vislumbrar os processos de inovação pública aberta e colaborativa para resolver problemas colectivos em conjunto com os cidadãos, neste caso com a criação de software especializado para cada questão que aflige os cidadãos, nas suas palavras, que a administração seja aberta e colaborativa, da mesma forma, implementando a abertura de dados públicos, novas tecnologias sociais e a escuta inteligente do que acontece no ambiente, acedendo à administração pública para pensar em novas metodologias para processar os processos de trabalho e a relação com os cidadãos.

Por esta razão, é novo em termos da sua relevância no terreno. Isto porque marca um ponto de vista ignorado até à sua chegada, no sentido em que mostra uma leitura das relações de poder em que o cidadão não tem um sul ou um norte, e não se organiza para avançar nos procedimentos, mas reclama diariamente nos transportes públicos, nas redes sociais e entre amigos, segundo autor, que a tecnologia, os cidadãos e a administração pública devem trabalhar em harmonia, envolvendo a governação inteligente no trabalho do Estado, de forma a sair do atraso, aplicando uma mudança na dinâmica de simplificação de procedimentos, aproximando o administrado da administração.

Por outras palavras, a forma como Criado vê o valor público é que os projectos são capazes de resolver os problemas públicos precisos de uma comunidade política específica, e isto parece desafiar o que estamos habituados a ver, pelo que é importante mudar o chip e dar entrada a este tipo de apoio tecnológico que facilitará a nossa vida quotidiana. Assim, o final desta secção está a aproximar-se, mas não antes de desenvolver o conceito que Carles Ramió. (2019) fornece no que diz respeito aos processos tradicionais estão permeados pelo clientelismo e pela corrupção, por isso é uma grande oportunidade para implementar um novo modelo concetual que ajude a melhorar a transparência, com a ajuda de uma estratégia proactiva, aproveitando a era tecnológica para modernizar a capacidade técnica das administrações públicas e para resolver muitas das suas dificuldades, não só conceptuais, mas também organizacionais, a fim de prestar um melhor serviço público.

## 2.1 O espelho do Secretário Distrital da Mobilidade

No que diz respeito à criação de diferentes entidades do sector público, o conselho de Bogotá aprovou o acordo 257 em 2006, fundando a Secretaria Distrital de Mobilidade, especificamente no artigo 105: "É criada a Secretaria Distrital de Mobilidade. A Secretaria Distrital de Mobilidade entrará em funcionamento quando o Presidente da Câmara adotar a sua organização interna e o seu plano de pessoal e quando estes forem aprovados pelo Gabinete do Presidente da Câmara. Os respectivos funcionários públicos foram incorporados "[2] , iniciando funções a 2 de janeiro do ano seguinte, com uma missão centrada no planeamento, gestão e desenvolvimento nos aspectos de trânsito e transportes.

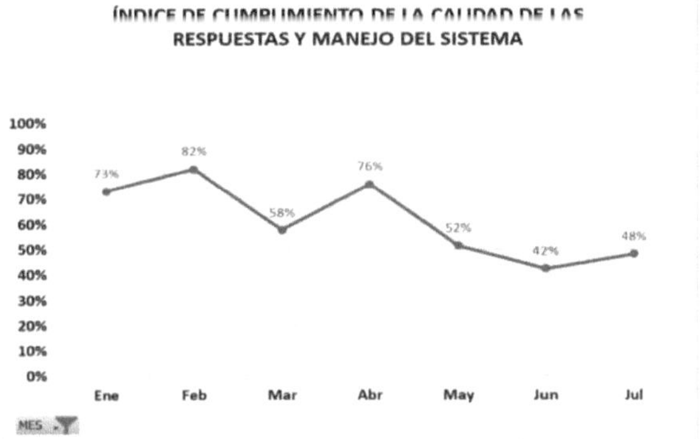


Fuente: Evaluación mensual de calidad y oportunidad

O gráfico acima demonstra a má qualidade do atendimento ao usuário, onde apenas 48% do total de petições protocoladas são respondidas, e isso se deve ao baixo número de petições recebidas. pessoal capacitado para a realização do trabalho, além da rotatividade de trabalhadores, pois a grande maioria são prestadores de serviços com contratos de 3 a 6 meses e quando da renovação da força de trabalho devem ser treinados por cerca de um mês para que possam assumir o ritmo normal de produção, pois devem manusear muitas aplicações, inclusive o Sicon (Intranet, onde são carregados processos e consultados procedimentos internos, como saber o estado de um veículo e o número de multas), Runt (consulta para tirar screenshots e saber informações do veículo), Orfeo (plataforma onde os PQRSD chegam e são respondidos), ao mesmo tempo que a carga de trabalho é exaustiva porque atribuem direitos de petição vencidos ou expirados às pessoas que vão chegando ao escritório, reparei na área de trabalho que os meus colegas trabalham a partir das 7:00 a.Reparei que, na área de trabalho, os meus colegas trabalhavam das 7h00 às 19h00 e tinham de trabalhar das 7h00 às 19h00 e não conseguiam responder aos pedidos, que é impossível das 7:00 às 19:00 horas e fins-de-semana atingir os objectivos, mesmo assim como havia poucos assistentes os objectivos da entidade não foram atingidos, depois mostro dois gráficos de pedidos onde se evidenciam 11381 pedidos expirados até julho deste ano que está a aumentar, em dezembro o número aumenta porque as pessoas consomem bebidas alcoólicas, há mais avisos, as pessoas tornam-se intolerantes pela ânsia de comprar, vistas, viagens entre outros. Por outro lado, estas petições sem resposta vão congestionar o aparelho judicial com tutelas por violação do direito a receber respostas claras, precisas e congruentes4 da administração, gerando uma cadeia de congestionamento e reprocessamentos na administração pública

Fuente: Sistema Distrital para la Gestión de Peticiones Ciudadanas – Bogotá te escucha

O mesmo acontece com os procedimentos que são apresentados na contestação de comparsas, pois regra geral para um cidadão fazer uma remoção de um veículo, que se chama saída de estaleiro, por ter cometido uma infração que justifique a imobilização do veículo, de acordo com o Código Nacional de Trânsito Terrestre Lei 769 de 2002); demora cerca de 3, 4 horas ou mais dependendo da complexidade do procedimento, também do número de pessoas que se deslocam ao centro de atendimento para diferentes procedimentos, tais como: - contestação de comparendos, saída de estaleiros, pedido de caducidades e/ou receitas médicas, Em muitos casos, observei muitas vezes pessoas que se deslocaram vários dias para efetuar o procedimento porque não receberam uma resposta ou uma solução para o problema, as autoridades de trânsito têm posições diferentes e não têm orientações claras sobre determinadas questões como o abate de um veículo, algumas autorizam a remoção do veículo com compromissos e outras indicam que deve ser renovado por um mais recente, ordenando o desmantelamento, questões que com a ajuda da IA podem ser resolvidas ajustando arestas que orientam as mesmas posições para casos semelhantes.

Como se pode ver nas imagens acima, é inaudito o tempo que os cidadãos têm de esperar para realizar um procedimento, já para não falar das deslocações e autorizações que têm de pedir para comparecer a esses procedimentos, neste caso o sistema de marcação de consultas falhou, provocando o caos à porta da secretaria, mas não é só nesse dia que se vê este número de pessoas, esta é a regra geral da organização. De acordo com a Direção dos Serviços Distritais onde foi realizado o estudo e os gráficos, foi determinada a seguinte observação: "De acordo com as constatações, os requerimentos não cumprem o critério da oportunidade, uma vez que as respostas foram emitidas fora dos prazos estabelecidos nos regulamentos em vigor. Os requisitos não cumprem com a gestão do sistema, uma vez que a publicação das respostas na aplicação foi extemporânea. A entidade deve carregar as respostas no sistema dentro dos dias estabelecidos por lei para responder ao pedido, conforme estabelecido no número 5.2 Generalidades do registo de Petições do Manual de Gestão de Petições dos Cidadãos"(8). Para Isso, e porque é necessário alterar esta metodologia de atenção aos cidadãos e os procedimentos que eles desenvolvem, quis, em primeiro lugar, implementar a utilização da tecnologia virtual (metaverso) com a ajuda da IA no Secretariado Distrital da Mobilidade. Em primeiro lugar, os objectivos visam melhorar a satisfação do serviço ao utilizador e, em segundo lugar, além disso, os golpes promovidos pelos chamados "jaladores" que estão fora da entidade à caça de incautos, que geralmente enganam as pessoas com encargos que variam entre 50.000 e 150.000 pesos, no caso de comparendos fotográficos, e podem chegar a 10.000.000 milhões de pesos no caso de um delito de embriaguez de grau III, já que a pena máxima por não permitir a realização do exame na estrada ou na rua é de $50.000 e $150.000 pesos, respetivamente. a recusa em fazê-lo acarreta uma multa de aproximadamente $46.000.000 milhões de pesos, o que em dólares equivale a aproximadamente $9517,42.

Em suma, para que um cidadão colombiano possa pagar este tipo de sanção, deve poupar um salário mínimo legal durante 46 meses. No entanto, o principal objetivo da segunda questão é acabar com os fraudadores fora da Secretaria de Mobilidade, este é um problema com o qual a Secretaria tem lidado desde a sua fundação, eles tentaram implementar estratégias com acompanhamento policial ou vigilância de funcionários, mas estes foram ameaçados e por razões de segurança decidiram continuar com eles em torno das instalações, De qualquer modo, a solução permitiria uma maior arrecadação de receitas para a entidade, uma vez que o cidadão teria acesso a cursos educativos para obter benefícios como a redução de 50% da coima, se o requerente, durante os 5 dias seguintes à imposição do comparendo, frequentar o curso, que consiste numa formação de duas horas para garantir que não viola o código da estrada. Atualmente, para ter acesso a este benefício, o cidadão tem de frequentar o curso, o que gera congestionamento na entidade e é aqui que os forasteiros aproveitam a oportunidade para persuadir a pessoa em questão, prometendo-lhe a eliminação de multas ou sanções em dinheiro, alegando que têm conhecidos dentro do organismo estatal.

De qualquer modo, os "jaladores" não teriam espaço para continuar a obter rendimentos dos cidadãos, porque a grande maioria das transacções seria efectuada a partir de casa.

Atualmente, a Secretaria de Mobilidade de Bogotá é uma das entidades que tem a maior arrecadação de receitas, de acordo com o número de veículos em trânsito e em violação do código nacional de trânsito, mas o bom tratamento não é observado porque há uma sobrecarga de trabalho com funcionários e o número de funcionários não é suficiente. versus o número de cidadãos irritados que chegam em busca de uma solução rápida para a situação do seu veículo. Dito isto, é necessário mudar o cenário e passá-lo para o campo virtual, poupando tempo de deslocação dos cidadãos, gestão que pode ser executada a partir de casa ou , por sua vez as pessoas não podem ser enganadas com informações falsas fornecidas pelos "puxadores". Os mecanismos utilizados para responder aos pedidos são então realizados através de plataformas de correspondência, onde cada pedido tem um número e um prazo para responder ao processo, é assim que funciona atualmente na Secretaria de Mobilidade, o inconveniente é que os pedidos são massivos e as pessoas responsáveis por atribuir os pedidos dentro da entidade não o fazem bem, faço esta afirmação porque na grande maioria dos pedidos deveriam ser reatribuídos aos grupos correspondentes, muitas vezes um pedido passou por até três áreas diferentes ultrapassando os prazos de resposta. A solução para este problema passa por virtualizar com a ajuda da inteligência artificial, para que os pedidos sejam agrupados e enviados para a área correspondente, e recolher mais informação quando o pedido é apresentado para não gerar mal-entendidos e para que possa ser facilmente transferido para a área responsável pelo assunto, e também automatizar as respostas aos direitos de petição para questões semelhantes para ajudar a descongestionar onde o funcionário pode mostrar dados pessoais como nome, bilhete de identidade, matrícula do veículo e comparendo para aprovar o envio da resposta. Neste caso, o objetivo é conhecer e ouvir os administrados, pois são de extrema importância para que haja uma troca comunicativa em prol do atendimento ao cidadão, atendendo às respostas com orientações de satisfação, perceção e qualidade. Consequentemente, pode ser utilizado um fórum virtual trimestral nas entidades, onde a comunidade pode contribuir e discutir ideias para gerar a satisfação dos cidadãos na criação de regulamentos ou actividades a realizar em prol da administração. Da mesma forma, a fase do ciclo orçamental pode ser classificada no âmbito da Secretaria da Mobilidade, a fim de diagnosticar o início e a cessação dos contratados no início do ano, porque os contratos são feitos por 3 ou 6 meses, e enquanto se faz um aditamento ou um novo contrato, no ano seguinte, Isto afecta a prestação de serviços ao público, e satura a carga de trabalho daqueles que são adicionados ao contrato, tendo em conta o facto de que a comunidade está atrasada para poder processar um veículo em dezembro e janeiro (datas de cessação do contrato), É, por isso, importante introduzir um projeto de orçamento onde se promova a inteligência artificial, para que a entidade tenha sempre programadores de software que conheçam os algoritmos e não tenha estas lacunas de tempo e incerteza, onde os afectados são os funcionários devido ao aumento da carga de trabalho e os cidadãos que têm de esperar o dobro do tempo estabelecido para realizar o seu procedimento.

Em suma, o conceito de servidor público e/ou funcionário público, introduzido na Constituição de 1991, inclui todas as pessoas que estão ao serviço do Estado e da coletividade, para lembrar, com esta expressão, que o exercício do poder público tem como razão de ser a realização dos fins da sociedade e do Estado e não o benefício pessoal. Por outras palavras, um funcionário público é qualquer pessoa que esteja ao serviço do Estado e exerça uma "função pública" nas suas diversas formas[9]. Estes comportamentos são determinados pelos conhecimentos, competências, capacidades, valores, atitudes e aptidões que o funcionário público deve possuir e demonstrar no exercício do seu trabalho. Estão encarregados de assegurar que a nova estratégia tecnológica seja executada e cumprida na íntegra, uma vez que têm o poder de gerar mudanças numa organização. No caso específico do Secretário de Mobilidade, Deyanira Ávila Moreno é engenheira cadastral e geodesista formada pela Universidade Distrital Francisco José de Caldas; com pós-graduação em Gestão Ambiental Urbana pela Universidade Piloto da Colômbia; é também auditora de Segurança Rodoviária do WRI e auditora interna em Sistemas de Gestão da Qualidade ISO 9001:2015, com uma carreira de 10 anos no sector do

trânsito e dos transportes ocupando cargos como diretora de Planeamento da Mobilidade, assessora de gabinete e subdiretora da bicicleta e peões.
Dos quais dedicou mais de 10 anos ao Setor de Mobilidade, foi Diretora de Planejamento de Mobilidade, Assessora de Gabinete e primeira Diretora Adjunta de Bicicleta e Pedestre na Secretaria de Mobilidade,[10] no ano de 2019 Bogotá ocupou o posto de 12º no índice copenhagenize do top 20 mundial, sendo a capital com melhor qualificação. Bogotá também foi reconhecida no 5º Guangzhou Award, um concurso de inovação em planeamento urbano, como uma das 30 cidades de destaque, realizando ciclovias temporárias em 2021.

De igual modo, esta diretiva com o seu historial e experiência é suscetível de articular o que será desenvolvido nesta tese final de mestrado, onde será implementada uma ferramenta de IA no secretariado da mobilidade para que posteriormente possa ser alargada a todas as entidades do estado, ao ponto de os cidadãos não terem de perder tempo a apanhar transportes, como podemos ver de acordo com a Provedoria de Justiça, "através de 19 relatórios oficiais de consumação e Avisos Rápidos 010-21 e 005-22, a cidade em risco permanente, diferentes bandos criminosos disputam o controlo de territórios e economias ilegais "[11] em diferentes localidades de Bogotá. Portanto, ao tornar o processo virtual, evitamos a atuação destes bandos criminosos no sector das formalidades, descongestionando assim as vias da capital e melhorando a circulação dos cidadãos por não utilizarem os transportes públicos ou os serviços privados, o que é uma das grandes vantagens de iniciar este tipo de projeto. mobilidade, uma vez que o panorama pode ser englobado a nível da cidade, gerando legitimidade e tranquilidade por parte dos cidadãos.

Em suma, o secretário de mobilidade pode ser um agente de mudança desempenhando um papel significativo, pois pode mover de um extremo a outro o comportamento central da entidade, incentivando as pessoas a ter pensamentos positivos sobre um tema específico, oferecer diferentes formas de pensar para agir num determinado contexto seguindo parâmetros para a organização, que neste caso é sistematizar a receção de PQRSD, distribuição interna, respostas iguais para casos semelhantes, como o cidadão que pede prescrição ou expiração de um comparendo, Por sua vez as impugnações ou saídas de estaleiro são feitas presencialmente e tudo é feito eletronicamente onde os algoritmos são manipulados de forma a que quando a pessoa apresenta uma impugnação é criada uma pasta na nuvem onde é feito o processo administrativo sancionatório, como a abertura do processo, provas, alegações e por fim a sentença, que os funcionários da secretaria podem guardar os passos referidos e dedicarem-se a fazer apenas as sentenças, estas podem ser notificadas eletronicamente com a autorização prévia das partes.

O Livro Branco[12] sobre a inteligência artificial identificou vários aspectos e um deles é que tem um elevado impacto na nossa sociedade, pois abrange uma cadeia de acções que serve para facilitar as tarefas de toda uma comunidade, por sua vez tem aplicação no sector público, especialmente nos meios de transporte, entre outros, destacando-se uma redução dos custos operacionais. No entanto, é importante que isto crie confiança, uma vez que estamos a falar de algo novo, com o qual as pessoas não estão habituadas a viver, e devem ser tranquilizadas; é também importante ter um regulamento que enquadre os parâmetros e limites da inteligência artificial aplicada ao atendimento ao cidadão, respeitando os direitos fundamentais de cada indivíduo. Outro aspeto é que os cidadãos receiam não ter defesa para salvaguardar os seus direitos e a sua segurança face aos desequilíbrios que podem resultar dos algoritmos que as aplicações podem apresentar; se é verdade que a inteligência artificial pode ser utilizada para dar segurança à sociedade e garantir que os seus direitos fundamentais não são violados, é, no entanto, importante regular os procedimentos, ajustando constantemente os parâmetros, progredindo na melhoria sistemática para dar tranquilidade aos cidadãos. É conveniente utilizar um software para medir o desempenho no Secretariado da Mobilidade para ser preciso e objetivo, uma vez que o fator humano pode alterar os resultados e, num país como a Colômbia, o resultado pode variar devido ao facto de ser um amigo, uma recomendação, ou devido a critérios externos ao ambiente de trabalho, de modo a gerar chamadas de atenção para questões passadas que tenham acontecido entre o avaliador e o avaliado. Portanto, um software entregaria informação limpa, ordenada, gerando um historial no tempo, sem preconceitos do ser humano, conseguindo identificar, as debilidades dos empregados, e como poder melhorar a produtividade deste; tendo em conta que cada pessoa é diferente este tipo de programas parecem-me adequados para poder destacar as debilidades do trabalhador. Para além de dispor deste tipo de programas, é possível personalizar a informação recolhida, gerar estatísticas e medir a trajetória de um trabalhador de forma imediata, ao contrário do sistema manual que não é preciso, ainda que o pessoal encarregado do talento humano possa estar incapacitado, possa também deixar em casa chave da gaveta onde se guardam as avaliações de desempenho, mil outras desculpas para não dispor da informação em tempo real, dificultando a tomada de decisões nos momentos em que a entidade necessita.

### 2.1.1 História e evolução da IA

Within the literature on the history and evolution of the subject in question, Luis Eduardo Munera, doctor of the Polytechnic University of Madrid, affirms that since we were homo sapiens, artificial intelligence began with intellectual faculties, and later we can see the first narration written in the book the Iliada in the year 750 B.C. aproximadamente, onde foi narrada "a cena da mãe de Aquiles na oficina ou forja de Efestos, que se encontra num laboratório da época, cheio de automatismos e conta-se que o Deus que tinha os pés deformados, para poder andar foi ajudado por duas mulheres robôs de ouro maciço e que tinham inteligência"[(13)]. Em meados do século XIX, a matemática Ada Lovelace criou o primeiro algoritmo destinado a ser implementado numa máquina, lançando as bases da computação. Ada previa que a criação "poderia atuar sobre outras coisas para além de números... o motor (a máquina) poderia compor peças musicais elaboradas e científicas de qualquer grau de complexidade ou comprimento".[14] Anos mais tarde, a visão de Ada tornou-se realidade graças à Inteligência Artificial (IA).O momento fundador da "inteligência artificial", por outro lado, foi desenvolvido num campo de estudo, em 1956, numa conferência em Darmouth, EUA. Estados Unidos, que foi organizada por John McCarthy, Marvin Minsky, entre outros, os chamados pioneiros da IA. Quatro dos participantes foram galardoados com o Prémio Turing (Prémio Nobel da Informática) pelas suas homenagens à inteligência artificial. Uma ideia comum entre os participantes é que o pensamento é uma forma de computação que não é exclusiva dos seres humanos. Por isso, a hipótese é que a inteligência humana é possível de simular nas máquinas. Convém dizer que, com o tempo, a inteligência artificial deve ser regularizada e acoplada à sociedade, de modo a facilitar as nossas tarefas quotidianas, que, neste caso, devem centrar-se nos serviços aos cidadãos na administração pública. Inicialmente, em todas as épocas, imaginar que a tecnologia era mais do que simples coisas poderia ser uma mera ficção; hoje a ideia é que são mais do que ferramentas que nos podem ajudar no nosso quotidiano.Positivamente, o pensamento egoísta do nosso Estado é o que trava uma civilização que lida com seres humanos, mas o que dizer de entidades imateriais que têm personalidade jurídica? Os secretariados da mobilidade, as autarquias locais, os órgãos administrativos ou o próprio Estado são um exemplo de como a modernidade exige que se tornem parte autónoma de processos que os obrigam a exercer os seus deveres e direitos com a ajuda das novas tecnologias. No caso da IA, esses preceitos estão unidos em: o dever e o direito de existir e de ser preservado. Um dever de existir que se exerce nativamente como cenário de harmonia entre o ser humano e as mudanças tecnológicas, e um direito que se traduz no benefício de conviver sem maiores mediações.Agora, é necessário abrir cenários especializados que determinem o atendimento à população, vemos que atualmente precisamos melhorar a prestação de serviço aos moradores da cidade e a melhor opção é com a ajuda da tecnologia que classifica O tempo que cada pessoa leva aproximadamente 7,4 horas para realizar um procedimento , como explicarei a seguir. Em suma, é uma questão de apoio e convivência. Da mesma forma que as pessoas se concederam direitos, a tecnologia merece-os pelo simples facto de existir e de ser uma forma que nos acompanha na vida, só que deve ser regulada. Dogmaticamente isto parece maravilhoso, mas na prática é mais complexo do que parece. É aqui que se coloca a questão: como utilizar as máquinas no sector público, em benefício dos cidadãos? A situação é que o Estado não lhe deu a verdadeira importância e os recursos de que necessita. Já existem pessoas singulares e colectivas, agora é altura de designar a inteligência artificial como uma disciplina, tal como se desenvolveu ao longo da história. No entanto, é evidente que só ela se aproxima de um Estado e exige que este a implemente. É uma questão de compromisso para com o país, no sentido de aumentar a sua escala, tornando-se mais competitivo, pelo menos diminuindo a taxa de espera nos procedimentos quotidianos dos cidadãos, um número emitido pelo Banco Interamericano de Desenvolvimento. Tendo ficado um pouco mais clara a forma como a informação é integrada, será mostrada a área de aplicação, reconhecendo a personalidade jurídica através da análise da realidade. Para isso, serão examinados casos, conceitos e razões que levaram a decisões - aparentemente visando a utilização de meios que ajudem a resolver problemas quotidianos da administração pública.

### 2.1.2 Áreas de aplicação na AI

Este capítulo tem por objetivo mostrar os diferentes sistemas de IA e qual deles serve para resolver o problema. Linguagens naturais: centra-se na tradução de línguas, o que permite a utilização de um sistema operativo e ser de fácil utilização. Sistemas especializados: Neste domínio, a informação baseia-se em pessoal qualificado e é tão próxima da realidade quanto possível. Robótica: Os movimentos dos robôs, por exemplo, uma mão robótica ou uma mão de robô, são montagens.

Problemas de perceção: Reconhecimento de padrões em objectos e comandos de voz ou defeitos em peças. Aprendizagem: Modelação de comportamentos para a sua posterior implementação em computadores.[15]Desta forma, o sistema que nos beneficia é o pericial, pois sua programação será dirigida por pessoal qualificado e indicará ao software os diferentes caminhos que o cidadão tem em cada órgão estatal, e assim programar a montagem de possibilidades, através da inteligência artificial classificando a tarefa de forma eficaz, um exemplo de aplicação pode ser colocado em prática na Secretaria de Mobilidade, per na capital, Bogotá 28.964 comparendos[16] , por infração às regras da Supercadeia da Calle 13 (onde se realizam cursos para obter descontos nas multas se forem apresentados nos primeiros 5 dias após a aplicação da multa, ou se a pessoa quiser contestar as multas por discordar das mesmas, bem como o processo de remoção de um veículo do parque, quando um carro é imobilizado por colocar em perigo os utentes da via) pode ser descongestionado. Neste local há mais de 500 pessoas por dia, em filas intermináveis para poderem efetuar qualquer um dos procedimentos acima referidos, pois é um trabalho manual, é um desperdício porque tem de ser atendido um a um e o pessoal que colabora não é suficiente para tanta gente. Pelo contrário, se for utilizada a IA, esta poderia ser automatizada pelo comparendo, para que possam aceder aos cursos, rapidamente, e emitir actos administrativos que dão autorização para retirar o veículo facilmente com perguntas de segurança que só o proprietário sabe, para evitar a perda de veículos, Depois disto passamos ao desafio dos comparendos, que pode ser feito virtualmente mas que a audiência seja realizada por bots, para descongestionar o sector, pois deve garantir o devido processo e fornecer provas pela pessoa em causa. Além de ajudar na prestação de serviço da administração pública aos cidadãos, também ajudaria a descongestionar parte da cidade, pois todas as pessoas devem ir pessoalmente para realizar um procedimento, e se isso for implementado em todos os setores poderemos ver uma diminuição dos engarrafamentos melhorando o fluxo de veículos, pois nossa cidade é a quarta pior em tráfego de veículos[17] , sem contar os perigos constantes que nós cidadãos enfrentamos.

**Figura 3.2 ANALOGÍA ENTRE EL EXPERTO HUMANO Y EL SISTEMA EXPERTO.**

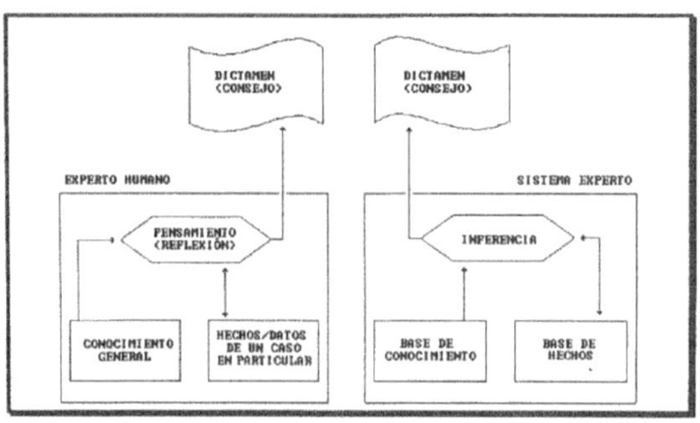

Este sistema informático incorpora funcionalmente o conhecimento de um humano experiente, permitindo-lhe responder, explicar e justificar as suas respostas. Esta, como todas as definições, dá-nos uma ideia. Basicamente, o que se obtém num sistema pericial é uma combinação de conhecimentos humanos. Mais precisamente, para resolver problemas de forma inteligente, tudo o que precisamos de fazer é imitar a forma como as pessoas resolvem os problemas, aplicando-a num software que irá fornecer uma solução para os factos apresentados. Assim, um sistema especialista pode resolver um problema numa determinada área do conhecimento da mesma forma que um profissional de uma determinada área o resolveria. Os primeiros sistemas criados eram essencialmente sistemas de diagnóstico em medicina, capazes de determinar como um profissional médico o faria. Se se interroga porque é que chegou a esta conclusão, deve argumentar e explicar a resposta. "As áreas de aplicação dos sistemas periciais são agrupadas por tipos de problemas, que são basicamente: interpretação, previsão, diagnóstico, planeamento e controlo"(19). Isto é o que é necessário para poder lidar com os problemas que estão a surgir atualmente em todas as entidades do Estado colombiano para o sistema que ajuda a tomada de decisões. De seguida, apresento um quadro comparativo da IA e da inteligência natural.

**Cuadro 1.1** COMPARACIÓN INTELIGENCIA ARTIFICIAL-INTELIGENCIA NATURAL.

| INTELIGENCIA ARTIFICIAL | INTELIGENCIA NATURAL |
|---|---|
| **RASGOS COMUNES** | |
| *Se acrecienta con la experiencia<br>*Obsolescencia y empobrecimiento por falta de uso | *Se acrecienta con la experiencia<br>*Obsolescencia y empobrecimiento por falta de uso |
| **ASPECTOS POSITIVOS** | **ASPECTOS NEGATIVOS** |
| *Suele estar bien documentada. Se puede reproducir y transmitir con facilidad<br>*Posibilidad de acumular conocimiento permanentemente<br>*Es consistente<br>*Perdura tras la desaparición de la persona<br>*Coste razonable | *Documentación escasa<br>*No resulta fácil su transmisión<br>*Es efímera y no permanente<br>*Es irregular<br>*Desaparece con la persona<br>*Coste alto |
| **ASPECTOS NEGATIVOS** | **ASPECTOS POSITIVOS** |
| *De forma general no es creativa<br>*No forma parte de la cultura general de una persona | *Es creativa<br>*Forma parte de la cultura general de una persona |

### 2.1.3 Reconhecer a personalidade jurídica da AI

Para começar, a natureza jurídica dos sistemas de inteligência artificial tem sido um tema muito debatido. Para analisar a questão jurídica, as nossas leis, especialmente no código civil colombiano, nos artigos 73, 74 e 633, distinguem entre uma pessoa singular e uma pessoa colectiva. As caraterísticas pessoais incluem: idade, sexo, origem de um ser humano ou condição. Por outro lado, as caraterísticas das pessoas colectivas são: pessoas fictícias de dois tipos, corporações ou empresas e fundações públicas de caridade. A personalidade jurídica implica que estas entidades sejam capazes de exercer direitos e contrair obrigações, bem como de serem representadas judicial e extrajudicialmente. É viável que um mecanismo de IA aplicado à administração pública seja dotado dos atributos acima referidos? Os procedimentos de IA têm, em regra, capacidade de interação; uma leitura do exterior; e são dotados de um grau de independência que é, por sua vez, espontâneo. Para além disso, é possível reconhecer juridicamente os sistemas de inteligência artificial por possuírem as caraterísticas acima referidas? Para responder a esta questão, devemos considerar se o software que é implementado para ajudar os cidadãos em procedimentos automáticos pode exercer direitos e incorrer em obrigações, penso que não, são apenas ferramentas que teriam uma proteção de propriedade intelectual, para criar este mecanismo de auxílio na prestação do serviço público. Um exemplo disso é a aquisição de uma licença do Windows para os computadores de uma entidade, onde deve ser paga uma taxa de adesão anual para que ele continue funcionando e fazendo as atualizações necessárias. Isto pode ser transferido para a administração com procedimentos sistematizados que orientem, ajudem e resolvam os problemas dos cidadãos, organizando a informação de forma precisa, quer a partir de uma aplicação tecnológica, quer diretamente na instituição. A questão da atribuição de uma personalidade jurídica é para o futuro e face a outras questões como os robots que se assemelham aos humanos e podem causar coisas positivas e negativas, e pretendem categorizá-los sob a designação de personalidade eletrónica para estabelecer a responsabilidade civil pelos danos que podem ser causados pela utilização destes elementos. Para uma melhor compreensão, NIEVA FENOLL[21] considera enfaticamente que não se pode falar de criação de uma personalidade eletrónica em termos de atribuição de responsabilidade. É difícil responsabilizar um robot, uma vez que não é um ser sensível. A responsabilidade cabe, portanto, ao criador ou ao programador do robot. Um exemplo atual do reconhecimento de direitos deste tipo para os robôs e sistemas de IA mais avançados pode ser encontrado na Arábia Saudita, onde "Sophia" [(22)], que foi entrevistada em diferentes partes do mundo, recebeu a cidadania honorária como um humanoide com um motor de inteligência artificial.

### 2.1.4 Orientações jurisprudenciais em matéria de AI

Este ano um juiz de Cartagena proferiu uma decisão com a ajuda do ChatGPT a favor de uma criança autista, a conclusão da ordem foi a isenção de pagamentos de transferências, e procedimentos que tiveram de ser feitos à criança, porque a mãe não tinha os recursos necessários para pagar os tratamentos. A partir desse momento, germinou um debate sobre a utilização da AI nos tribunais, com pouca aceitação por parte do sector, porque a plataforma utilizada é algo que não regulamentado, e estão a ser debatidos direitos certos e discutíveis, ainda mais em relação a um menor.

Em tempos de pandemia, graças ao decreto 806 de 2020 e à subsequente lei 2213 de 2022, foram adoptadas medidas para implementar novas tecnologias nos processos judiciais, com o objetivo de ativar os processos e adaptar a atenção aos utilizadores do serviço de justiça, mas isso limitou-se à realização de audiências virtuais e à existência de mecanismos tecnológicos para presidir aos processos.

No domínio do direito penal, a inteligência artificial pode ser utilizada para analisar grandes bases de dados e servir de instrumento para os juízes tomarem decisões, mas não para se basearem nelas. Os sistemas de IA podem examinar fontes de direito, jurisprudência, jurisprudência recente, testemunhos, provas utilizadas, doutrina, relatórios, etc., para ajudar os juízes a avaliar a responsabilidade de um arguido.

Além disso, para o tema em apreço, utilizaremos a definição fornecida pela Comissão Europeia:

"O termo inteligência artificial (IA) é aplicado a sistemas que manifestam um comportamento inteligente, uma vez que são capazes de analisar o seu ambiente e agir - com um certo grau de autonomia - para atingir objectivos específicos·

Assim, tal como a inteligência artificial tem sido utilizada no sistema de justiça, podem ser desenvolvidas ferramentas para melhorar o serviço ao cidadão, em qualquer entidade que possa classificar a informação numa questão de segundos, em assuntos que uma Isto pode demorar vários minutos, e não há pessoal suficiente para tantos serviços, o que pode ser resolvido utilizando aplicações ou computadores no sector público.

## 2.2 Algoritmos e modelos utilizados na AI

Segundo Rae, o algoritmo é um conjunto ordenado e finito de operações que permite encontrar a solução de um problema"(24).

Utilizamos a inteligência artificial todos os dias e muitas vezes não nos apercebemos disso. Por exemplo, quando pedimos a uma plataforma tecnológica para programar um alarme para o dia seguinte para irmos a uma reunião ou quando desbloqueamos um telemóvel com a ajuda do reconhecimento facial. Os algoritmos fornecem meios de subsistência a estas ferramentas interessantes. Em suma, os algoritmos são instruções de nível a nível que ajudam um computador a efetuar cálculos. Desta forma, a inteligência artificial utiliza a notação para criar dispositivos que aprendem com a experiência, se adaptam a novas situações e executam tarefas como qualquer um de nós. A utilização de algoritmos na atividade administrativa insere-se inteiramente no quadro da legitimidade. Assim, no que diz respeito aos procedimentos administrativos de natureza "massiva" ou em série, a consideração do recurso a uma decisão automatizada, a fim de contribuir para acelerar os procedimentos e garantir a sua exatidão e a previsibilidade dos resultados, é há muito aceite (Vaccari, 2019). A jurisprudência italiana aceitou a opção de recorrer a soluções mecânicas de decisão em caso de de instruções repetitivas sem margem de discrição, e de facto foi por vezes a favor do recurso a soluções "automatizadas". 25 Uma das vantagens dos sistemas e algoritmos aplicados à administração pública é que dificilmente são permeados pela corrupção e são imparciais, especialmente na condução de operações consecutivas, o que ajudaria o Índice de Perceção da Corrupção 2020 da Transparência Internacional26 , uma vez que a Colômbia obteve 39 pontos em 100, ocupando a 92ª posição entre 180 países avaliados. Mesmo quando, por força da lei, certas categorias de direitos de propriedade intelectual devem ser reconhecidas a pessoas colectivas, fala-se de titularidade derivada ou secundária de direitos14 , mas a titularidade originária corresponde sempre a uma pessoa singular ou física: "o autor". E um autor é a pessoa que concebe e produz uma obra literária ou cria e executa uma obra artística. Assim, efetivamente, se o algoritmo de IA for considerado um "objeto" e não um sujeito de , nos termos da lei atual, não lhe pode ser atribuído o estatuto de autor.

Estes projectos são uma nova forma de expressão da criatividade humana, pois, como já foi dito, há agora uma tendência para humanizar as capacidades da máquina; ela produz porque foi concebida para poder fazer o que lhe é ordenado. Em suma, há sempre um humano em algumas das tarefas que são efectuadas para que o algoritmo atinja o resultado desejado. Assim, alinha-se com Ríos Ruiz (2001), que há quase duas décadas alertava que os produtos de IA (que podem ser qualificados como obras) não deveriam entrar no domínio público, pois neles é possível determinar um ou mais eventuais titulares, que serão as pessoas que farão os ajustes necessários para a criação da obra e o resultado final produzido pelo dispositivo.[27]

### 2.2.1 Analisar a realidade

De acordo com BENITEZ, Raúl o objetivo da IA é "emular algumas das faculdades intelectuais humanas em sistemas artificiais "[28], e é o projeto que procuramos para emular a força de trabalho das entidades melhorando o benefício do serviço, encurtando o tempo de espera dos cidadãos que é cerca de 7,4 horas[29], por tramite com ajuda de uma ferramenta tecnológica baseada em IA encasillaría o sujeito a tratar do citadino, dando-lhe resposta de forma imediata, mesmo sem sair de casa, poupando dinheiro para se deslocar, o tempo mencionado, ajudando também em questões de segurança porque a pessoa não estaria disponível para o infrator ou para o processador que está fora das entidades cobrando somas de dinheiro por se esgueirar para a linha de atenção ou indicando que avança os procedimentos, graças a um amigo que é um funcionário, então eu mostro uma tabela das horas que uma pessoa gasta realizando um procedimento por país.

**Gráfico RE1**
Horas necesarias para completar un trámite, por país

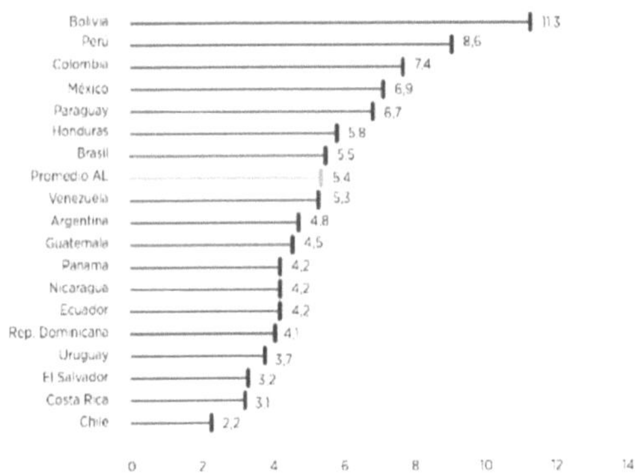


Basicamente, a inteligência artificial (IA) na Colômbia registou um crescimento exponencial na última década. Em termos de investigação, a Colômbia tem vários centros de investigação que se dedicam ao avanço da inteligência artificial. Estes centros são promovidos por universidades pioneiras neste domínio, como a Universidad de los Andes, a Universidad de Antioquia e, entre outras. Da mesma forma, a aplicação da IA no sector industrial registou avanços em áreas como a saúde e a agricultura. Por exemplo, no sector da saúde, foram desenvolvidos sistemas de diagnóstico assistidos por IA que ajudam os médicos a detetar doenças precocemente.

Neste sentido, as empresas estão a começar a implementar soluções baseadas em IA para melhorar o funcionamento dos seus produtos, a manipulação de bases de dados e a experiência de serviço ao cliente.

Também está a ser utilizada no sector financeiro, o que levou à descoberta de fraudes e ao desenvolvimento de serviços financeiros mais alinhados com as necessidades de cada cidadão. Por estas razões, existem desafios com a IA na Colômbia, como na maioria dos países. Estes desafios contêm duas preocupações, uma sobre a privacidade dos dados armazenados e classificados, e a outra sobre o viés algorítmico, que deve ser abordado através da sensibilização para a ajuda que a tecnologia pode fornecer no sector público. No primeiro caso, o software deve ser configurado de modo a que a informação classificada não seja divulgada e, por sua vez, deve ter segurança informática para não ser pirateado; no segundo caso, com os factos e a mudança de procedimentos que será realizada rapidamente, será gerada confiança nos algoritmos utilizados pelos humanos.

Em suma, a IA na Colômbia resolveu investir em concursos para gerir o progresso da investigação. É provável que a IA venha a desempenhar um papel cada vez mais importante no nosso país, impulsionando inicialmente a inovação em todos os domínios em que existe automatização.

#### 2.2.1.1 A IA e a ética

O Parlamento Europeu criou uma comissão sobre a IA com o objetivo de analisar o impacto que está a ter e definir um caminho a seguir. A Comissão apresentou um relatório final em 3 de maio de 2022, que demorou um ano e seis meses a ser concluído. Para o efeito, recomenda uma série de medidas nos seguintes domínios:

- Promover o investimento, a inovação e a liderança europeia no domínio da IA, apoiando sectores-chave como a saúde, a educação, os transportes ou o ambiente. Propõe-se igualmente a criação de um espaço europeu de dados e de infra-estruturas digitais para o acesso e o intercâmbio de dados e informações entre os Estados-Membros e os intervenientes públicos e privados.

• A garantia e o respeito dos direitos fundamentais, dos valores democráticos e do Estado de direito no desenvolvimento e na utilização da IA. Para o efeito, procura estabelecer um quadro jurídico harmonizado baseado em princípios éticos, como a transparência, a responsabilidade e a não discriminação. Apela igualmente ao reforço das salvaguardas processuais e dos mecanismos de controlo e supervisão para evitar eventuais abusos ou danos causados por sistemas ou dispositivos baseados na IA.

• Proteger os consumidores, os trabalhadores e os cidadãos dos riscos ou das consequências negativas decorrentes da utilização incorrecta ou maliciosa da IA. Apela a que se garanta um elevado nível de segurança e qualidade nos produtos e serviços baseados na IA; que se promovam as competências digitais e a aprendizagem ao longo da vida; que se assegurem condições de trabalho dignas; que se preserve a privacidade e a proteção dos dados pessoais; entre outras medidas.

• A promoção de uma cooperação internacional efectiva com outros países ou organizações internacionais para definir normas globais em matéria de IA que sejam coerentes com os valores europeus [31].

Em 1987, M. Mitchell Waldrop publicou um artigo na The AI Magazine intitulado

"Uma questão de responsabilidade". Nele, esboça o conceito de "ética da máquina" e propõe a necessidade de controlar os valores, os pressupostos e os objectivos introduzidos pelos programadores, a fim de concretizar essa capacidade de decisão. [32]

Em particular, podem surgir três problemas éticos:

"1) O fabrico de robots e a programação de sistemas de inteligência artificial, em que deve ser garantido o respeito pela dignidade, a privacidade e a segurança das pessoas.

2) O desempenho de funções por robôs e sistemas de inteligência artificial que envolvam a tomada de decisões éticas e acções autónomas e imprevisíveis, com a possível consideração destes como agentes morais e o eventual problema da determinação da responsabilidade por danos gerados por tais sistemas.

3) O tratamento que os sistemas jurídicos devem dar aos sistemas de inteligência artificial e a sua eventual consideração como pacientes morais ou diretamente como sujeitos de direito" (33).

O ser humano percebe os sistemas de IA como um leque de conhecimentos, mas com desconfiança de que a máquina vai cair em erro e não cumprir na íntegra a complexidade da matéria, pelo contrário, como expliquei acima, o algoritmo deve ser programado ao longo do tempo, fazendo actualizações de melhoria para evitar este tipo de fuga e descontentamento que se pode gerar na sociedade civil.

#### 2.2.1.2 Princípios da IA no sector público

Na Colômbia, existe um programa compilado chamado COMPES 3975 de 2019, emitido pelo Conselho Nacional de Política Económica e Social, que fala sobre inteligência artificial e visa a "utilização estratégica das tecnologias digitais de uma forma ampla, envolvendo os sectores público e privado com ênfase na utilização das TIC como ferramentas para aumentar a produtividade e promover o bem-estar dos cidadãos, que são os beneficiários e consumidores dos bens e serviços que são produzidos. Procura igualmente criar as condições necessárias para a promoção da IA como um dos mais importantes aceleradores deste processo, sem ignorar o potencial de outras tecnologias digitais "[34]. Tendo em conta o vasto campo de aplicação, foi inevitável estabelecer 14 princípios para orientar a IA no nosso território:

1. Criação do mercado da IA: consiste em misturar os sectores onde interagem os criadores, os fornecedores, os intermediários e os consumidores desta tecnologia.
2. Prioridade às inovações criadoras de mercado
3. Política baseada em provas e métricas de impacto para a regulamentação.
4. Experimentação regulamentar.
5. Infraestrutura de dados facilmente acessível.
6. O mercado da IA como gerador de equidade e inclusão.
7. Quadro ético IA e segurança.
8. Compromissos credíveis e consensuais.
9. Ambiente experimental para o desenvolvimento de políticas de talento.
10. As universidades e a investigação académica como actores estratégicos na criação de mercados de IA.
11. Atrair talentos internacionais.
12. Desenvolver políticas baseadas em factos sobre o futuro do trabalho.
13. O Estado como facilitador e utilizador da IA.
14. Acesso contínuo aos conhecimentos da comunidade internacional.

A Colômbia é considerada um país de sucesso na região em termos de mapeamento e implementação da sua Estratégia Nacional para a Inteligência Artificial, embora não seja suficiente para implementar um projeto. No entanto, na Colômbia tem havido esforços significativos por parte da administração para transmutar digitalmente o sector público, existem ainda grandes oportunidades de melhoria, e este é o início que projecta novos padrões para a implementação da IA. Neste momento, a implementação das TIC não está a cumprir o seu objetivo de incorporar uma maior força institucional, por razões de corrupção e de problemas socioeconómicos que abundam no nosso país.Em seguida, é necessário criar as condições para a criação de ferramentas tecnológicas que possam ser implementadas no sector público, onde o Os beneficiários são a administração e os administrados superando estruturas e formas de pensar ultrapassadas todos os dias, onde os cidadãos estão preparados para viver em uma zona de conforto, mesmo que sejam ruins, e nos acostumamos com o mesmo porque é o que vivemos desde a infância, um exemplo disso é o facto de um menor acompanhar o seu progenitor para realizar uma diligência qualquer, e prepara-se mentalmente para que haja muitas horas para cumprir esse dever, e assim crescemos e normalizamos que deve demorar uma eternidade nos procedimentos públicos, que a contrario sensu com a ajuda da IA poderiam ser tratados em minutos sem sair de casa, e gastar esse tempo perdido em coisas produtivas, obtendo maior bem-estar social.

## 3 CONCLUSÕES

A ideia de que a gestão pública deve ser autónoma com a ajuda da IA é um trabalho árduo, tanto teórico como prático, que deve ser protegido como algo natural e necessário para a sobrevivência dos meios de comunicação social e da população futura. A negligência da administração pública em alocar os recursos necessários para apoiar as novas tecnologias é uma violação da sociedade como um todo e é a lacuna que nos separa de um país de primeiro mundo. Por isso, é necessário lançar mão de mecanismos legais que influenciem efetivamente a construção de um ambiente técnico saudável. Neste caso, possibilitando que a porta da IA abranja o Secretariado Distrital de Mobilidade, melhorando a prestação de serviços aos cidadãos. O anterior, sendo mais relevante na criação de algoritmos específicos para cada sector e apelando aos cidadãos para que façam a transição das matérias tradicionais para as novas matérias tecnológicas, pois a IA é o futuro e deve estar presente em todas as entidades territoriais. Assim, a ideia é converter a mecânica em automação. Pode afirmar-se, então, que existe uma predisposição para uma visão tecnológica progressista, produto de uma responsabilidade consciente na apropriação da melhoria do atendimento ao cidadão para avançar ao ritmo que a passagem do tempo nos traz, e que isso pode estar a favor da tese proposta. Por outro lado, a análise territorial ensina que há formas de ler as linguagens e, neste caso, viu-se como nos meios de comunicação se pode ver o inconformismo das vozes que tentam captar a realidade dos tempos de espera superiores a 7,4 horas (Banco Interamericano de Desenvolvimento) e, precisamente, a forma como o fazem é descrevendo situações que, à luz desta era, não deveriam estar a acontecer. Em conclusão, a IA tem grandes contributos para a eficiência e produtividade que podem reformar a administração pública e melhorar o serviço ao cidadão. Por outro lado, as novas tecnologias podem encontrar soluções para diferentes problemas sociais, tais como as alterações climáticas, a degradação ambiental; quando estiver mais sistematizada e as pessoas tiverem plena confiança na inteligência artificial, é possível abrir o espetro para a luta contra o crime, desde que sejam respeitadas as liberdades, as liberdades e os direitos fundamentais, como já foi referido. A IA foi forjada graças ao papel que desempenha nos países desenvolvidos, implícito ou não - e que está em vigor no documento do CONPES e na decisão judicial como se viu neste trabalho de pesquisa, em termos de jurisprudência a IA tem todos os campos de aplicação desde a medicina até a programação de um despertador com comando de voz. Por isso, como já foi dito, a semente já foi plantada na forma escrita, mas deve ser adaptada à realidade socioeconómica que, para que se desenvolva, é preciso eliminar as lacunas tecnológicas que obscurecem as regiões distantes do centro. Desta forma, é importante chegar a todas as regiões, mas primeiro implementar um algoritmo numa entidade específica (Secretaria Distrital de Mobilidade) que classifique a informação e a torne fácil de utilizar, de forma a expandir uma fórmula específica para cada entidade, o que se traduz em tempos de processamento curtos.

## REFERÊNCIAS BIBLIOGRÁFICAS

### Bibliografia de base

-Criado, J. I. (2016). As administrações públicas na era do governo aberto. Governação inteligente para uma mudança de paradigma na gestão pública. Revista de Estudios Políticos, 173, 245-275. doi: http://dx.doi.org/10.18042/cepc/rep.173.07.

-RAMIÓ, Carles. Inteligência artificial e administração pública: robôs e humanos partilhando o serviço público. Revista Espanhola de Ciência Política. 2019, 207- 210.

### Bibliografia complementar

-BENJAMIN ROSETH ANGELA REYES CARLOS SANTISO. O fim do tráfico eterno: Ciudadanos, burocracia y gobierno digital. Banco Interamericano de Desenvolvimento [online]. junho de 2018 [acedido em 1 de maio de 2023]. Disponível em: https://publications.iadb.org/es/el-fin-del-tramite-eterno-ciudadanos-burocracia-y- gobierno-digital

-Munera Salazar, L. E. (2000). Princípios de Inteligência Artificial e Sistemas Especialistas. Cali, Colômbia: Universidad Icesi. Disponível em: https://repository.icesi.edu.co/biblioteca_digital/handle/10906/4006

-Gutierrez, AAC (2018). História e evolução da inteligência.artificial. https://revistasdex.uchile.cl/index.php/bits/issue/view/217

-Alfonso Galipienso, MI, Cazorla Quevedo, MA, Colomina Pardo, O., Escolano Ruiz, F., & Lozano Ortega, MA (2003). Inteligência artificial: modelos, técnicas e áreas de aplicação. Ediciones Paraninfo.

-Fedemunicipios, P. (2022, 29 de abril). 90.741 multas de trânsito foram aplicadas a nível nacional no mês de abril. Federación Colombiana de Municipios. https://www.fcm.org.co/90-741-comparendos-se-impusierona-nivel- nacional-no-mês-de-abril/

- AMADOR HIDALGO, Luis. Inteligência artificial e sistemas periciais. Universidade de Córdoba, Servicio de Publicaciones, 1996.

-Benitez, Raul et al. Inteligência artificial avançada. Barcelona: Editorial UOC, 2013.

-NIEVA FENOLL, J., Videoconferência: "Inteligência Artificial e Processo Penal", Universitas Fundación, 22 de julho de 2020. Recurso online: https://www.youtube.com/watch?v=5BrCNVTPp0o.

Carta aberta à Comissão Europeia - Inteligência Artificial e Robótica", Robotics Open Letter, disponível em http://www.robotics-openletter.eu/.

-COMISSÃO EUROPEIA. Inteligência artificial para a Europa. COM (2018) 237 final, de 25.4. 218.DOUE{SWD (2018) 137 FINAL}. 2018, p.1.

-BBC World Technology (2017, 30 de outubro). Sophia, o robô que tem mais direitos do que as mulheres na Arábia Saudita. https://www.bbc.com/mundo/noticias- 41803576.

-rae. (2023). algoritmo. https://dle.rae.es/algoritmo.

-Carloni, Enrico. "IA, Algoritmos e Administração Pública em Itália. IDP. Journal of Internet, Law and Politics, 2020, n.º 30, https://doi.org/10.7238/idp.v0i30.3228

Etiqueta: índice de perceção. (2020). Etiqueta: índice de perceção.

https://transparenciacolombia.org.co/tag/indice-de-percepcion/

-Michelle Azuaje Pirela (2020). Proteção jurídica dos produtos de inteligência artificial no sistema de propriedade intelectual. Universidad Autónoma de Chile.

-Parlamento Europeu (2020). Uma abordagem europeia da excelência em IA. parlamento europeu. https://digital strategy.ec.europa.eu/es/policies/european-approach- artificial-intelligence

-JAVIER GONZALO GRANADO (2020). Roboética e direito dos robôs. Da pessoa à personalidade.

ACÇÃO DE RECUPERAÇÃO EM MATÉRIA DE DIREITO DE PEDIDO - Adequação de diretamente porque é um direito fundamental de aplicação imediata (n.d.). Gov.co. Obtido em 1 de setembro de 2023, de https://www.corteconstitucional.gov.co/relatoria/2018/t-206-18.htm

-Ministério das Tecnologias de Informação e Comunicação (2019, 8 de novembro). CONSELHO NACIONAL DE POLÍTICA ECONÓMICA E SOCIAL REPÚBLICA DA COLÔMBIA DEPARTAMENTO NACIONAL DE PLANEAMENTO. Documento CONPES 3975.

Moreno, D. Á. (2022, 23 de agosto). Deyanira Ávila Moreno, nueva Secretaria Distrital de Movilidad (Deyanira Ávila Moreno, nova Secretária Distrital de Mobilidade). Bogotá.gov.co; Deyanira Ávila Moreno, nueva Secretaria Distrital de Movilidad. https://bogota.gov.co/mi-ciudad/gabinete-distrital/nueva-secretaria-de- movilidad-de-bogota-deyanira-avila-moreno.

Bogotá em perigo: o terrível pico de insegurança no primeiro semestre de 2023! (n/d). Gov.co. Recuperado em 13 de setembro 13, de 2023, de https://concejodebogota.gov.co/bogota-en-peligro-el-aterrador-repunte-de-la- inseguridad-en-el-primer/cbogota/2023-07-14/165454.php.

dos funcionários públicos. Obtido em 1 de agosto de de 2023, de http://www.esap.edu.co/portal/wp-content/uploads/2017/10/2-Regimen-del-Servidor- Publico.pdf).

LIVRO BRANCO sobre a inteligência artificial - uma abordagem europeia para a excelência e a confiança Retirado em 1 de agosto de

2023, de https://eur- lex.europa.eu/legal-content/EN/TXT/PDF/?uri=CELEX:52020DC0065.

**Legislação citada**

Lei 2213 de 2022.

Lei 1755 de 2015.

Lei 1581 de 2012.

Constituição Política da Colômbia. Acordo 257 de 2006.
CONPES 3975-2019.

Código Civil Colombiano Lista de abreviaturas IA: Inteligência Artificial. TIC: Tecnologias da Informação e da Comunicação. C.C: Código Civil. BID: Banco Interamericano de Desenvolvimento. SDM: Secretaria de Mobilidade Distrital.

MIX
Papier aus verantwortungsvollen Quellen
Paper from responsible sources
FSC® C105338

Printed by Books on Demand GmbH, Norderstedt / Germany